ENTRETIENS D'UN CANUT

AVEC SON COUSIN L'AVOCAT

TIMBRE
IMPÉRIAL

ENREGISTREMENT
RÉGIE

ENTRETIENS

D'UN CANUT

AVEC

SON COUSIN L'AVOCAT

TROISIÈME ENTRETIEN

L'IGNORANCE DE LA LOI ET LE SUFFRAGE UNIVERSEL

LYON

IMPRIMERIE ADMINISTRATIVE DE CHANOINE

10, PLACE DE LA CHARITÉ, 10

1863

AU LECTEUR

———

Nous détachons d'un travail plus complet le fragment qu'on va lire.

Toute explication et tout commentaire nous paraissant inutiles, nous nous bornerons à prier le lecteur de vouloir bien retenir, pour l'intelligence de certains détails,

Que le canut est un lecteur du journal le *Siècle*, très-friand des choses de la politique, très-versé surtout dans les questions politico-religieuses, mais très-ignorant de *la loi* dans ce qu'il lui importerait le plus d'en connaître.

Nous publierons incessamment les deux premiers entretiens, concernant, l'un la question romaine et l'autre la Société de Saint-Vincent-de-Paul.

J. Desvignes.

TROISIÈME ENTRETIEN

———

. . . .
. . . .
. . . .

Tout Français âgé de 21 ans accomplis est électeur.

Voilà bien le suffrage universel tel qu'il existe aujourd'hui, tel qu'il fonctionna pour la première fois le 23 avril 1848, date mémorable destinée peut-être à marquer dans l'histoire une ère nouvelle, celle de l'avénement définitif des masses dans la politique.

Jamais, en effet, ce noble droit de citoyen n'avait été ainsi universalisé. La veille, ils étaient deux cent mille qui l'exerçaient au nom de leur titre de propriétaires, et le lendemain nous étions dix millions qui l'exercions *au nom de notre titre d'hommes, de créatures capables d'intelligence et de volonté.*

. . . .

Tu n'as pas oublié comment un simple décret d'un gouvernement improvisé nous mit subitement en possesion du suffrage universel que nous n'attendions pas, que nous n'espérions même pas. — Ce fut le décret de la nécessité!

Reporte-toi au 23 février 1848, le gouvernement olygarchique de 1830 vient d'être renversé; un gouvernement provisoire est acclamé!. — Mais devant ce gouvernement de circontance, les prétentions des partis politiques peuvent se réveiller et nous précipiter dans la guerre civile. Comment la conjurer? — Comment contenir ces éléments de guerre sociale que les doctrines socialistes faisaient fermenter depuis quinze ans, et que la nouvelle révolution allait faire éclater chez ces masses d'ouvriers sans pain, sans travail et armés? — Quelle digue opposer à « ces flots d'idées, de haines, d'impatiences révolutionnaires que le règne de dix-huit ans par un seul homme au nom d'une seule classe de citoyens, avait accumulés dans la nation, et qui déjà demandaient des satisfactions impossibles? (1) »

. . . .

. . . .

Il devenait donc nécessaire de faire entendre une voix dont aucun parti, dont aucune secte, dont aucun citoyen ne pût récuser l'autorité, — la voix du pays appelé tout entier à prononcer sur ses destinées. — *Tout entier*, parce qu'il était tout entier debout, — et que, exclure de l'appel qui allait lui être fait une seule classe, une seule catégorie de citoyens, eût été mutiler, en quelque sorte, une volonté qui

(1) *Histoire de la Révolution de 1848*, par Lamartine.

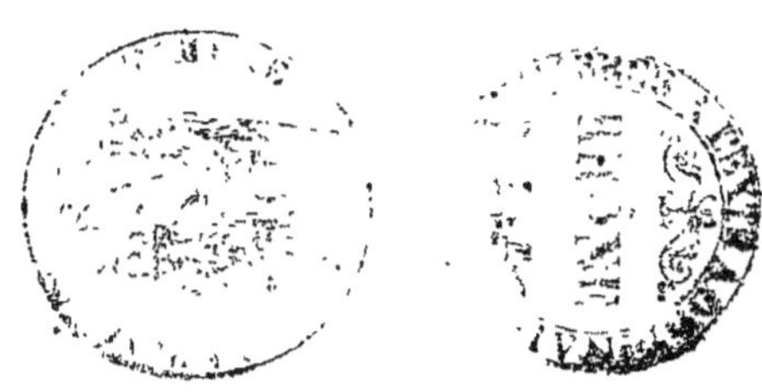

avait besoin d'être complète pour être puissante, et créer un élément nouveau de désordre en jetant dans l'opposition cette classe et cette catégorie de citoyens.

Le suffrage universel a donc été en réalité, selon l'expression d'un historien, le dernier appel à la société sans loi et sans chef.

. . . .

. . . .

C'est ainsi que, pour échapper aux difficultés d'une situation imprévue, la France se trouvait contrainte à faire elle-même l'application la plus large du principe de la souveraineté nationale, qu'elle avait proclamée soixante ans auparavant. — La VÉRITÉ jusqu'alors ignorée du plus grand nombre, insultée même comme une monstrueuse absurdité par le plus grand nombre de ceux qui ne l'ignoraient pas, se faisait tout d'un coup évidente, palpable pour tous et pour chacun.

. . . .

. . . .

Voilà donc le suffrage universel qui s'organise. Mais le suffrage universel, c'est l'inconnu : Quel usage va-t-elle faire de l'éminente et redoutable prérogative dont elle vient d'être investie, cette masse que l'on tenait éloignée de l'urne parce que n'ayant rien ou presque rien, elle n'offrait pas des garanties suffisantes de patriotisme et d'esprit de conservation, et qui aura désormais, à raison du nombre de votes qu'elle peut émettre, une influence si prépondérante sur les destinées de la nation.

Cette masse qui n'a rien ou presque rien, votera comme ceux qui possèdent. Elle composera l'assemblée nationale d'hommes honnêtes et conservateurs qui sauveront la France aux journées de juin. Mais le sang versé, le drapeau arboré par les vaincus dans ces néfastes journées ont donné la mesure du danger. C'est un pouvoir puissant, fort, énergique qu'il faut à la France. La masse l'entend ainsi : elle signifie d'abord sa volonté, le 10 décembre 1848, en appelant à la Présidence l'héritier de l'homme qui sut tirer la France du chaos révolutionnaire, — et cette volonté, elle l'impose définitivement, le 20 novembre 1852, en restaurant la dynastie impériale dans la personne et dans la famille de l'élu du 10 décembre.

Il faut en convenir, ce n'est point une volonté aveugle qui a triomphé par le suffrage universel dans ces circonstances critiques. Il ne pouvait pas être donné à un peuple de montrer plus d'énergie , nous pourrions même dire d'habileté, si cette expression pouvait convenir à un peuple.

Et cependant, aujourd'hui que le suffrage universel n'a plus pour objet que les élections communales, départementales et législatives, — s'il est une vérité reconnue par tous et dont tous se préoccupent, qui se fait jour dans les conversations, dans les discussions qui lui sont souvent le plus étrangères, à la tribune, dans la presse, que les faits et les tribunaux se chargent de rendre tous les jours plus éclatante et plus déplorable, une vérité révélée par la pratique même du suffrage universel, — c'est que l'éducation publique, en France, n'est pas à la hauteur des institutions nationales, et spécialement du suffrage universel, et que tout est à faire pour faire arriver l'une au niveau des autres.

A l'heure où je te parle, la moitié du peuple français ne sait pas signer son nom, et plus du tiers des électeurs ne sait ni lire ni écrire, — c'est-à-dire que, pour quatre millions de Français, la sincérité du vote n'est pas garantie d'une manière complète. — Et cet état de choses a sa source non pas dans l'insuffisance du nombre des écoles,— il n'est pas de village, pas de hameau de quelque importance qui n'en soit pourvu, — mais dans l'apathie des populations et surtout des populations des campagnes. Elles ne comprennent pas encore que savoir lire et écrire est non-seulement pour l'individu une condition essentielle de tout progrès intellectuel et moral, mais une garantie de sécurité dans ses affaires privées.— Aussi le remède aujourd'hui est tout formulé. — On infligera à la France l'instruction obligatoire.

Mais tout le mal n'est pas là. Il est une ignorance plus funeste encore à l'individu et à la société, une ignorance qui ne se présume même pas, qu'aucun historien peut-être n'a encore cherché à constater chez une nation ayant un degré quelconque de civilisation, parce qu'elle semble tout simplement incompatible avec l'existence de cette nation. — Je veux parler de l'ignorance de la loi, de la loi qui oblige, qui protége, de la loi en tant qu'elle donne satisfaction aux besoins et aux idées de tous et de chacun dans les droits, dans les devoirs, dans les institutions qu'elle consacre. On peut ne savoir ni lire ni écrire; mais est-il possible de ne pas connaître cette loi qui doit avoir son expression dans le mouvement, dans la vie même de la nation?

Or, la France présente le singulier phénomène d'un peuple qui, il n'y a pas encore 75 ans, a risqué jusqu'à son existence dans une révolution dont l'Europe est encore ébranlée, — pour introduire *certains principes* dans sa législation, — pour participer à cette législation, — qui y participe de la manière la plus complète, la plus large par le suffrage universel, — qui est censé ne pas ignorer la loi puisqu'il est censé l'avoir faite lui-même.

Et qui ne connaît rien de cette loi, rien de ce qu'il serait cependant si utile et si facile à chacun d'en connaître.

Oui, la loi qui, s'inspirant d'immortels principes, a créé dans la France moderne la société moderne, — qui a affranchi notre propriété, notre personne, notre pensée des plus dures entraves, — la loi qui, par un ensemble d'institutions admirables, nous protége contre la puissance publique elle-même, — la loi, seule souveraine devant laquelle toute autorité s'incline, — qui a résolu en partie et qui tend invinciblement à résoudre, d'une manière complète, l'exercice des droits naturels de chacun avec le bon ordre, l'harmonie morale et le progrès de l'être collectif, de la société, — la loi en un mot, qui a régénéré la France et que tous les peuples cherchent à s'assimiler pour être régénérés à leur tour ;

Cette admirable loi française, la masse des Français ne la connaît ni dans les principes qui l'ont inspirée, ni dans les institutions qu'elle a créées, ni dans les droits qu'elle confère, ni dans les devoirs qu'elle impose.

Et cette ignorance de la loi n'est point partielle, elle est générale et peut se constater à tous les degrés de l'échelle en même temps que les idées fausses, incomplètes, absurdes, qui en sont le cortége obligé et la manifestation évidente.

Nous allons passer en revue quelques-unes de ces idées. Juge de paix d'un canton rural pendant les quatre années qui ont suivi la révolution de février, avocat pendant cinq ans à Lyon , j'ai vu de près les populations des villes et des campagnes dans l'exercice de leurs droits civils et politiques. Je crois donc pouvoir te donner assez exactement la mesure d'une ignorance qui est une des plaies de mon pays. Et, à ce sujet , je n'ai qu'un regret , c'est de ne pas avoir pour auditeurs, en même temps qu'un lecteur du *Siècle,* les cent mille légistes, magistrats, avocats, avoués, notaires, fonctionnaires de tous rangs qui sont journellement en contact avec les populations. Ils n'auraient garde, sois-en bien persuadé, de me trouver au-dessous de la vérité.

J'ai dit que la masse des Français ne connaissait point la loi dans ses principes, et cependant ces principes sont simples, accessibles à toutes les intelligences , parce qu'ils sont au fond de toute conscience et de toute raison humaine.

« Tous les hommes naissent libres et égaux en droits » , est-il dit en tête de la *Déclaration des droits.* Cette vérité, formulée par le christianisme pendant dix - huit cents ans et proclamée par l'esprit philosophique du dernier siècle, n'avait jamais existé qu'à l'état de vérité religieuse et philosophique. La faire pénétrer dans la législation et dans le gouvernement de la nation , tel a été le but de la révolution de 89, tel a été et tel est encore le sens de la fameuse formule : *Liberté, Égalité.*

Au nom de l'*égalité* naturelle, nous avons l'égalité devant la loi civile , et par le suffrage universel, l'égalité devant la loi politique.

Au nom de la *liberté* naturelle, nous avons réalisé d'impérissables conquêtes qui toutes ou presque toutes se trouvent incarnées dans des institutions.

Or, veux-tu que je te dise ce que tu sais, ce que les masses savent de ces principes? Je demandais un jour à un ouvrier intelligent ce qu'il entendait par les principes de 89, il me répondit : *C'est l'abolition des priviléges.*

La masse r'y attache pas d'autre sens. Pour mon ouvrier intelligent, c'est l'abolition des priviléges en général; pour le paysan, c'est l'abolition de la noblesse, c'est-à-dire de la dîme, de la corvée; pour le bourgeois ou le fils du bourgeois, c'est le droit d'arriver à tous les emplois et de mettre à contribution le budget de l'Etat; en un mot, c'est l'égalité devant la loi, et encore, l'égalité dans le sens le plus grossier du mot, en tant qu'il signifie l'obstacle supprimé pour arriver à l'égalité, telle qu'elle doit être entendue.

Mais, si vous faites précéder ce mot Égalité de celui de Liberté, alors l'intelligence de votre interlocuteur s'obscurcit, la sublime formule ne lui rappelle plus que la période sanglante de la révolution française, les immolations et les proscriptions accomplies au nom de la liberté et de l'égalité. Que l'on essaie donc d'inscrire de nouveau cette formule sur nos monuments publics, et l'on verra quel sentiment général de crainte et même de répulsion elle provoquera, et s'il ne faudra pas se hâter de l'en effacer!

Cela veut dire que la masse ne distingue pas entre 89 et 93, entre 89 qui a créé pacifiquement la société moderne, et 93 qui a détruit violemment la société ancienne; qu'elle ne sépare pas la vérité des excès qui l'ont souillée, du sang qui l'a altérée. — Et rien n'a été fait, il n'existe rien dans la pratique de l'enseignement pour mettre fin à cette confusion devenue une erreur nationale.

Dans notre organisation sociale, dans les rapports des

citoyens entre eux, tels qu'ils se trouvent consacrés par le Code Napoléon, la loi est l'expression la plus pure de ces principes. Aussi, c'est avec raison qu'on appelle ce code, le code de la démocratie moderne, le code futur du monde civilisé. Mais, des droits civils qui résultent de notre organisation sociale, la masse ne connaît que l'égalité dans les partages.

Comment la famille est organisée, dans quelles limites s'exercent l'autorité paternelle, l'autorité maritale; quels sont les droits du père sur les biens des enfants, etc.; tu l'ignores, n'est-ce pas? et bien, tous les Français en savent à ce sujet aussi long que toi, et cependant la loi est claire dans son texte, dégagée dans son application de tout ce formalisme étroit qui rendait la connaissance de leur droit civil si difficile à acquérir aux citoyens romains, qu'aucun d'eux cependant n'ignorait.

Le Code Napoléon consacre une des plus belles institutions modernes, je veux parler des *actes* ou *registres de l'état civil*. Ils ont pour objet de fixer authentiquement le mode légal d'existence des hommes en constatant les trois grands événements qui le constituent et sont la source de tous les droits civils, savoir : la naissance, le mariage et la mort. Mais bien peu se rendent compte de l'importance individuelle et sociale de cette institution. On s'imagine assez généralement, dans les campagnes, que ces registres ont pour destination spéciale de donner au gouvernement le moyen de dresser la liste exacte de ceux qui sont soumis à la loi du recrutement. Et combien dans les villes, qui ignorent qu'un enfant, dont la naissance n'est pas constatée à la Mairie, est un enfant qui, *légalement*, n'a pas de famille, et qui, pour ne parler que de ce seul inconvénient, est exposé à se voir contester plus tard, tout droit à la succession de ses père, mère et autres parents.

Il n'est pas au monde de peuple qui ait été doté de plus de constitutions que le peuple français. Ainsi, entre la constitution votée le 3 septembre 1791 par l'Assemblée nationale, et celle que nous avons aujourd'hui, nous pourrions placer dix-sept actes de ce nom-là ou d'un nom équivalent, ayant tous été la conséquence ou plutôt le couronnement d'une révolution politique ou d'un changement de système gouvernemental. Il a donc beaucoup été question de constitution pendant ces soixante et dix dernières années. Aujourd'hui encore on en parle beaucoup, à propos non-seulement de la France mais des autres puissances de l'Europe ; — il n'est pas même de numéro de journal où ce mot de CONSTITUTION ne se trouve reproduit plus'eurs fois.

Or, pour la foule des Français, tous électeurs et éligibles, sais-tu ce qu'il signifie ? il signifie simplement ce qu'il signifiait du temps des Grecs et des Romains : *Organisation du pouvoir*. De monarchique le pouvoir devient républicain, il sera organisé de telle façon, on aura un président au lieu d'un roi, une chambre au lieu de deux, un drapeau de couleur qui rappelle de récents souvenirs de gloire, au lieu d'un drapeau blanc qui en rappelle de trop vieux, le pauvre votera comme le riche, on chantera la *Marseillaise* on plantera des arbres de liberté, etc. — Pour les sceptiques, pour ceux qui aiment aller au fond des choses le sens du mot constitution se confond avec celui de révolution : « Ote-toi de là que je m'y mette. »

Mais je n'exagère pas en affirmant que l'on trouverait à peine un individu sur cent qui sût vous dire que toute constitution écrite doit avoir et ne peut avoir pour base que *la garantie des droits individuels contre le pouvoir*, et que c'est en vue de mieux sauvegarder ces droits que la constitution s'occupe de déterminer les limites du pouvoir et confère des droits politiques aux citoyens.

Je priai mon cousin de m'expliquer ce qu'il entendait par la garantie des droits individuels constitutionnellement parlant.

Je restreindrai en quelques mots, me dit-il, l'explication que tu me demandes et qui ne peut qu'étonner de la part d'un lecteur du *Siècle*.

Il est des droits inhérents à notre nature, dont personne ne peut être privé et qui se résument dans le droit pour tout membre d'une société, d'être protégé dans la liberté de sa personne, de sa pensée, dans sa propriété, sa sûreté, sa famille, son travail, en un mot dans l'exercice raisonnable, non nuisible à autrui, de ses facultés physiques, morales et intellectuelles.

Contre les agressions et les violences des particuliers, nous sommes protégés et dans tous les temps on a été protégé par la puissance publique, qui est directement intéressée à les réprimer; car, en s'en abstenant, elle finirait par disparaître elle-même dans l'état de guerre et de confusion qui résulterait de son inaction.

Mais la puissance publique, c'est la force dans sa plus haute expression. Or, il est une vérité que l'histoire éclaire d'une sinistre lueur, — c'est que, pendant de longs siècles, la puissance publique a pu attenter *à la sûreté des propriétés* par la spoliation, la banqueroute, l'altération des monnaies, les impôts excessifs, — *à la sûreté des personnes* par les détentions, l'exil, le bannissement sans jugement, les proscriptions, etc. — *à la Liberté* dans toutes ses manifestations, — qu'elle s'appelle liberté de conscience, des opinions, de l'agriculture, du commerce, de l'industrie, etc. — par la multiplication des moyens qui servent à l'entraver.

Il fallait donc se prémunir contre la puissance publique, — car si le droit d'être protégé existe, il doit aussi bien exister contre les tentatives du pouvoir que contre celles des particuliers (1).

De là l'idée juste et toute moderne d'imposer au pouvoir, dans une loi fondamentale appelée Constitution, la reconnaissance des droits individuels et de créer des institutions qui l'obligent à renoncer à toute agression contre ces droits. — C'est l'ensemble de ces institutions qui constitue à l'encontre du pouvoir la garantie des droits de chacun.

Ainsi, tu verras tout d'abord figurer au frontispice de toute constitution moderne les droits qui doivent être garantis : l'égalité des citoyens devant la loi, leur admissibilité à tous les emplois, la liberté individuelle, l'inviolabilité du domicile, la liberté des cultes, la liberté du travail, de l'industrie, de l'agriculture, l'inviolabilité de la propriété, le droit de défense devant les tribunaux, la contribution de tous les citoyens aux charges de l'Etat dans la proportion de leur fortune.

Puis viennent les institutions qui ont pour objet de garantir ces droits. Ainsi, ont pour objet de les garantir : l'institution du jury, l'inamovibilité de la magistrature, la publicité des audiences, l'assemblée des représentants votant tout impôt, tout emprunt, toute loi nouvelle. — Mais

<hr>

(1) Voir *Essai sur les garanties individuelles,* par D<small>AUNOU</small>, membre de l'Institut, 1819 ; D<small>ALLOZ</small>, *Répert.* tome 18. — *Droit constit.* n° 1.

la première de toutes les garanties, qui a été en même temps une des premières conquêtes de la liberté, c'est la séparation des pouvoirs législatif, exécutif et judiciaire. La concentration de ces trois ou même de deux de ces pouvoirs aurait pu enfanter l'arbitraire et la tyrannie, ils seront désormais distincts et agiront chacun dans son indépendance et en même temps dans les limites que la loi lui aura tracées. — Que d'honnêtes gens on étonnerait, et toi le premier, si on leur disait que l'Empereur, qui nomme les magistrats, n'a pas le pouvoir de rendre un jugement même de justice de paix.

Une constitution sera donc toujours en principe un acte de défiance envers le pouvoir. Mais cet esprit d'antagonisme doit aller s'effaçant tous les jours. Déjà en France, sous l'empire du suffrage universel, une constitution ne peut plus exprimer que l'accord de la puissance publique qui est le mandataire avec la volonté générale qui est le véritable souverain, le mandant. — Un jour même viendra, et peut-être n'est-il pas très-éloigné, où une constitution ne sera plus qu'une curiosité historique. On s'étonnera que les peuples aient pu être réduits à l'extrémité de faire des révolutions pour introduire dans leur droit public des vérités comme celles que je viens de rappeler.

Je disais donc que le sens du mot *Constitution* échappait à l'intelligence de la masse. Aurait-elle mieux l'intelligence des institutions qui ont directement pour objet de sauvegarder les droits, la liberté de chacun?

Le Jury, en matière criminelle, est une des plus belles conceptions de l'esprit humain. Il repose sur cette idée simple, vraie et toute d'humanité « qu'un juge permanent, habitué à rencontrer beaucoup de coupables, serait *naturellement enclin à croire à la réalité du crime*,... qu'un magistrat avec sa vie uniforme et douce, exempte de ces vicissitudes qui mettent souvent les hommes aux prises avec les tentations pourrait bien ne pas apporter sur son siége une *âme assez compatissante à la fragilité humaine*... Et c'est parce qu'il a paru que l'intérêt des accusés serait mieux sauvegardé par cette magistrature (le Jury) incessamment renouvelée dans le sein du pays et portant sur son siége *une liberté de jugement*, et, pour ainsi dire, *une fraîcheur de conscience particulières*, que l'on a dessaisi les tribunaux ordinaires (1). »

Et cependant généralement on ne se rend pas compte de l'importance de cette institution pour la liberté individuelle. Dans les campagnes, ignorance absolue à cet égard. Le Jury n'y réveille guère que le souvenir des peines terribles qui sont le plus souvent prononcées par les cours d'assises. — Dans les villes, à Lyon, on sait quelque chose de cette institution, on sait que l'on obtient plus facilement un acquittement devant le Jury que devant les tribunaux ordinaires, ou, pour me servir d'une locution populaire, *qu'il faut plus de preuves pour condamner*. Mais on n'en sait pas davantage, et cela est si vrai, que vous n'entendrez jamais demander pourquoi la raison qui a fait qu'il y a un Jury

(1) Rapport de M. Langlais (Sarthe), qui a précédé la loi du 4 janvier 1853 sur le Jury.

pour les *crimes,* ne ferait pas qu'il y en ait un pour les *délits,* au moins pour les plus graves.

La *publicité* des audiences « est une des garanties les plus efficaces pour les intérêts des justiciables contre la négligence, l'arbitraire ou la prévarication du juge (1). » Mais on ne le sait pas, et si demain les tribunaux fonctionnaient portes closes, je me demande quelle protestation pourrait sortir du sein de la masse ignorante.

Dites à un paysan que tels magistrats de l'ordre judiciaire sont *inamovibles*, qu'ils ne peuvent pas même être déplacés contre leur volonté, il trouvera que cette prérogative constitue pour ceux qui en jouissent une belle position que l'on ne doit obtenir qu'avec de grandes protections. Mais il ne sait pas que, s'il a des intérêts à débattre devant un tribunal ou que s'il est prévenu d'un crime ou d'un délit, l'inamovibilité devient une garantie de l'indépendance et de l'impartialité du juge. Et que de citadins qui sont paysans!

Que la nation vote les impôts et les emprunts par ses représentants, c'est en principe le meilleur moyen de ne payer que des impôts et de ne contracter que des emprunts jugés utiles et nécessaires. Or, depuis, comme avant 89, qui accuse-t-on de charger la nation d'impôts ? Le pouvoir exécutif, le gouvernement qui est complétement étranger au vote de l'impôt. La *séparation des pouvoirs* n'existe pas pour la masse, la garantie que présente l'assemblée des représentants votant l'impôt comme les lois n'est pas connue. Et je n'étonnerais personne en disant que, si on proposait à la masse de donner à l'Empereur le pouvoir de décréter les

____

(1) Dalloz, *Répert.* t. xxix, jugem^t n° 116.

impôts, elle s'étonnerait d'abord qu'il ne l'eût pas et s'empresserait ensuite de le lui donner.

Et voilà où nous en sommes après soixante-et-quinze ans de révolutions accomplies au nom du principe de la souveraineté nationale, et 14 ans de pratique du suffrage universel! — Le peuple intelligent par excellence que l'on voit tous les jours au théâtre, au palais de justice, saisir les allusions les plus fines, les plus délicates; — ce peuple qui saura caractériser d'un mot la situation politique la plus embrouillée; — qui a tant lutté, tant souffert pour le triomphe de l'idée chez lui, qui combattait naguères encore pour le triomphe de l'idée chez les autres; — le peuple qui a su se sauver lui-même dans des crises sociales où tout autre peuple eût infailliblement péri; — le peuple que personne n'égale dans le sentiment du bien, du beau et du juste;

Ce peuple-là ne comprend rien à ses institutions, à des institutions qui fonctionnent tous les jours, sous ses yeux, dans un intérêt individuel et social. Il en jouit comme un Huron jouirait des merveilles de notre civilisation, sans s'en rendre compte, sans demander leur amélioration. Et comment demander l'amélioration d'institutions que l'on ne comprend pas, comment s'y attacher? Pour qu'il les comprît, il faudrait les lui retirer.

J'ai été juge de paix: Sur dix individus condamnés chacun, et dans des affaires différentes, à payer une somme au-dessous de 100 francs, huit au moins ne quitteront pas l'audience sans menacer le juge de paix *d'en rappeler*.

J'ai vu dans l'exercice de mes fonctions de nombreux actes sous seing privé contenant des constitutions d'hypothèques. Moyennant un franc, qu'ils payaient à un agent d'affaires,

mes paysans évitaient les frais de notaire et ils en étaient tout fiers.

A Lyon, on vous menace indifféremment du juge de paix et du commissaire de police pour vous faire payer une dette légitimement contractée.

Un fait tout récent : Un ouvrier est acquitté par la Cour d'assises de Lyon sous l'accusation d'avoir volontairement donné la mort à un de ses camarades ouvrier comme lui; il est néanmoins condamné à payer à la veuve de la victime une pension de 300 francs. Il s'est pourvu en cassation contre cette condamnation, me disait un monsieur bachelier ès lettres et employé dans une grande administration, mais la veuve s'est pourvue contre l'acquittement de l'ouvrier, elle veut le faire condamner.

Un autre fait plus récent encore : Un individu se prétendant lésé, dans le partage d'une succession, d'une somme de trois mille francs, par son neveu, est allé prier un avoué de faire casser le mariage dudit neveu.

Quiconque, à Lyon, est mécontent de son voisin, adresse vite une plainte au procureur impérial. Il en est de même des plaideurs malheureux. Le parquet de Lyon pourrait-il énumérer le nombre de celles qui lui sont adressées annuellement contre les avoués, avocats, notaires? Le ministre de la justice n'en reçoit-il pas fréquemment contre les magistrats eux-mêmes? — C'est dans ces plaintes que doit bien se révéler l'ignorance de toute notion de la loi! Et quel intéressant procès-verbal elles serviraient à dresser ; ce serait bien l'ignorance se dénonçant elle-même!

L'organisation du pouvoir judiciaire, on ne la comprend pas mieux. Cette importante institution du ministère public qui fonctionne à tous les degrés de la juridiction criminelle et même civile, dans un intérêt social, n'est pas connue. Pour le plus grand nombre, un procureur impérial est un membre du tribunal.

Quant à l'organisation des pouvoirs politiques, bien plus simple que celle du pouvoir judiciaire, même ignorance. Allez dans la campagne la plus rapprochée de Lyon, réunissez cent paysans, vous n'en trouverez pas deux qui sauront vous dire le rôle du sénat dans la Constitution, et plus des trois quarts ne sauront pas même vous dire s'il existe un sénat. — Quant au conseil d'Etat, c'est une chose dont on n'a jamais soupçonné l'existence.

Au moins le Français connaîtra-t-il la loi qui intéresse sa sûreté, sa liberté, sa dignité. On a honte de le dire, mais l'ignorance à ce sujet prend des proportions plus grandes que sur tout le reste. On trouverait à peine un individu sur mille qui sût vous dire dans quel cas une arrestation, une perquisition domiciliaire sont arbitraires.

Dans une ville comme Lyon on se sent protégé, non-seulement par l'appareil de la force publique, mais par la force de l'opinion. Mais dans les campagnes où toute la force publique réside dans le garde champêtre, et où la force de l'opinion est nulle, que de sourdes vexations, que d'injustices impunies, que de malheureux qui se résignent à tout souffrir parce que celui dont ils sont les victimes est riche, qu'il a les *bras longs,* parce qu'il est une autorité du lieu!

Et cette prostration morale n'existe pas seulement chez le paysan. Puisque tu lis le *Siècle,* tu dois connaître cette affaire en matière de fraude électorale qui vient de se terminer au tribunal de Niort par la condamnation d'un nommé

Plassiart à deux années d'emprisonnement. Ce qui frappe dans cette affaire, ce n'est pas le Plassiart changeant de peau à chaque régime gouvernemental, ce n'est pas même le Plassiart écrivant à un commissaire de police pour lui apprendre à distinguer entre les poules des amis et celles des ennemis du gouvernement, ou bien lisant publiquement son nom sur un bulletin qui porte celui de son compétiteur. Dans tout cela il n'y a rien qui dépasse l'idée que l'on peut se faire d'un maire de village ambitieux et grisé par le succès.

Mais ce qui étonne, ce qui confond, c'est le Plassiart parvenant à donner en plein XIXe siècle une idée si haute et si terrible de son pouvoir que, pour échapper à la persécution du tyranneau ou à la ruine dont il les a menacés, un pharmacien, un diplomé, se soit décidé (du moins on a pu le dire) à se donner la mort, et d'autres notabilités du lieu également pourvues d'instruction, à abandonner le sol natal, le sol qu'elles habitaient avec le Plassiart.

Pour ces malheureux comme pour les populations témoins de pareils faits, il n'y avait pas de loi qui pût défendre quelqu'un contre la haine et le pouvoir de cet homme, ou plutôt la loi se montrait à eux dépouillée de ce caractère de protection qui est en quelque sorte son caractère propre et universel. Et ils pensaient ainsi, parce qu'ils étaient ignorants de la loi. « C'est l'ignorance des administrés, disait « avec raison à propos de cette affaire, le journal *la Presse*, « qui a rendu possible les prévarications du magistrat, celui- « ci les sachant mieux instruits, ne se serait pas laissé aller « aux prévarications qui l'ont perdu. Il faut donc, si l'on « veut que la loi chez nous soit respectée par tout le monde « et religieusement obéie, si l'on tient à ce que le suffrage

« universel soit partout une réalité sérieuse, et nulle part,
« une vaine apparence; il faut que chaque citoyen, quel que
« soit son rang, apprenne de bonne heure l'étendue *de ses*
« *devoirs et de ses droits;* il faut qu'il connaisse la *loi*, celle
« qui le protége, aussi bien que celle qui l'oblige. En d'au-
« tres termes, il faut que l'instruction primaire soit ce qu'elle
« doit être chez un peuple libre, ou destiné à le devenir.
« (*Presse*, 14 novembre 1861. — Gustave HECQUET).

Oui, nécessité d'introduire quelques notions de la loi dans
l'enseignement primaire. Mais que de réflexions ne suggère
pas l'ignorance des populations! La loi a toujours été chez
une nation l'expression la plus certaine des idées et des besoins dominants de cette nation. De qui donc la loi en France
exprime-t-elle les besoins, puisque les populations sont aussi
étrangères à cette loi que si elle n'existait pas? Et on croit
avoir assez fait quand on a constaté que la *loi* en France
est en avant des mœurs. Hélas! oui, la loi en France est
en avant des mœurs, d'un siècle au moins, par la raison
bien simple que les plus importantes de nos révolutions se
sont toutes accomplies en dehors de la masse et au-dessus
de la masse. — Et aujourd'hui qu'elle est prépondérante par
le suffrage universel qu'elle ne demandait pas, c'est à nous
à l'attendre ou à prendre les moyens pour qu'elle presse le
pas.

Mais comment réaliser cet enseignement de la loi? D'a-
bord, dans quelles limites sera-t-il renfermé, car il est bien
certain qu'il n'est pas possible de connaître toutes les lois.

Je voudrais que l'on initiât l'enfant à la connaissance des grands principes qui sont le fondement même de la société moderne ; — qu'on lui enseignât que ces principes loin d'être la négation, sont dans l'ordre politique l'affirmation de la doctrine du Christ ; — qu'ils ont inspiré toute notre législation et spécialement notre législation civile, criminelle, commerciale ; — qu'on lui apprît que, dans leur développement, ils doivent toujours se concilier avec ces deux faits immortels comme la société qu'ils constituent : la *propriété*, la *famille*.

Je voudrais qu'on lui apprît, non pas dans leur texte bien entendu, mais dans leur ensemble, en se bornant le plus souvent à une définition exacte et à une courte explication,

Du Code Napoléon, — les dispositions qui régissent la personne des Français, comment la loi définit le domicile, l'utilité sociale et individuelle des actes de l'état civil ; dans quelles limites s'exercent l'autorité paternelle, l'autorité maritale ; les différents modes par lesquels s'acquiert la propriété.

A propos du testament, si attaqué par les nouveaux théoriciens de la société, qu'il a sa raison d'être dans l'aspiration constante de l'homme à se survivre à lui-même, et que, métaphysiquement, il ne peut s'expliquer que par l'immortalité de l'âme (1).

---

(1) Il est dans la nature de l'homme de vouloir pour ses œuvres un peu de cette immortalité qui est à la fois son essence et son aspiration. S'il travaille, c'est avec la perspective de créer ; s'il se fatigue, c'est avec l'espoir de se survivre. Le jour où il compte assez sur la durée de l'œuvre pour pouvoir la léguer à d'autres, il donne pour elle ses sueurs et verserait au besoin son sang. Sous

A propos du contrat de mariage, que le régime *en communauté* est celui qui a et qui mérite, en effet, toutes les
faveurs de la loi, parce qu'il est le plus conforme à l'institution du mariage; parce que loin d'immobiliser la propriété comme dans le régime dotal, il la met à la disposi-
tion de la communauté, et qu'elle peut par ce moyen devenir
une source de bien-être pour le ménage. On propagerait
ainsi ce régime, et ce serait un bienfait au point de vue
social.

Pourquoi lui laisser ignorer ce que l'on entend par pri-
vilége, hypothèque, prescription. N'est-il pas question de
cela tous les jours dans toutes nos relations d'intérêt?

DE LA LÉGISLATION CRIMINELLE, — je voudrais qu'il con-
nût les formalités qui doivent être remplies pour l'arrestation d'un prévenu, les garanties dont il doit être entouré
devant les tribunaux — (peut-être connaîtra-t-il un jour
celles dont il doit être entouré pendant l'instruction); —

---

l'empire de cette idée, il frappe avec ardeur toute chose à son image, et sa faculté
créatrice a doublé d'énergie. Donc, la propriété est nécessairement héréditaire, et
le jour où elle perdrait ce caractère, elle ne serait plus qu'un droit décapité.
L'institution resterait stérile aux mains de l'homme humilié et découragé; on
tuerait son courage en ôtant à ses œuvres la durée, et le même coup frapperait
le travail et l'agent, puisque on enlèverait à l'homme ce rêve d'immortalité qui
est la source des grandes choses, parce qu'il est son tourment et son espérance.
Qui affirmera cette hérédité de la propriété, sinon le testament? Le testament, la
racine des mots l'indique, est un témoignage : *testatio*, *testari*, le témoignage
de l'intelligence, la protestation de l'esprit. Leibnitz qui ne touchait aux choses
du droit qu'avec le génie du philosophe, a dit avec un sens merveilleux : *Testa-
menta verò mero jure nullius essent momenti nisi anima esset immortalis.*

PINARD, *procureur général à la Cour de Douai.* (Discours de rentrée).
Gazette des Tribunaux, 11 et 12 novembre 1862.

quelle est l'étendue du droit de la défense ; — pourquoi les audiences sont publiques ; — les garanties, les avantages que présente l'institution du jury pour la liberté individuelle.

Du Code de Commerce , — qu'il sût définir ces sociétés commerciales, dont on entend parler tous les jours : société en nom collectif, société en commandite, société anonyme; — le rôle fécond de la lettre de change dans le commerce. — Je voudrais qu'on lui répétât souvent que son intérêt, l'intérêt de son pays lui commandent d'apporter dans ses transactions commerciales, soit à l'intérieur, soit à l'étranger, la bonne foi, cette bonne foi qui a plus contribué à la prospérité et à l'extension du commerce de l'Angleterre que l'esprit d'entreprise et d'audace de ses enfants.

Et, pour aider à l'enseignement de la loi, un livre classique suffirait, un livre que l'on mettrait entre les mains des enfants en même temps que le catéchisme, qui procéderait comme le catéchisme par demandes et par réponses, et qui certes, ne serait pas plus difficile que le catéchisme à graver dans leur mémoire.

Vois l'Eglise à l'œuvre dans les écoles chrétiennes pour ce cé qui concerne l'enseignement religieux. Dès l'âge de six ans, à peine l'enfant commence-t-il à épeler, qu'on le soumet à apprendre et à réciter quelques lignes de son catéchisme, la demande aussi bien que la réponse, parce que la demande appelle et fournit la réponse. Il n'y comprend rien d'abord bien entendu, mais la lettre est dans sa tête, et à mesure que son intelligence se développe, il en saisit mieux le sens. — A l'approche de la première communion, de cet acte qui présuppose la connaissance de l'ensemble des dogmes ca-

tholiques, les exercices se multiplient à l'école, il est inter-
rogé tous les jours dans le temple par le prêtre , — et ce
n'est qu'après avoir prouvé qu'il a l'intelligence de l'acte
auquel on le prépare qu'il est admis à l'accomplir.

Et à ce propos , je me suis souvent posé cette question
qui peut sembler hardie par le temps qui court, mais qui,
dans l'antiquité payenne, eût étonné par sa simplicité :.—
Pourquoi le prêtre, après l'instituteur, ne serait-il pas chargé de compléter l'éducation politique de l'enfant, ne le pré-
parerait-il pas, par un enseignement spécial, à exercer avec
discernement les droits que lui confère la constitution de
son pays en lui en faisant comprendre la grandeur et la
portée. A qui cela conviendrait-il mieux qu'à lui? Ah! si le
 clergé voulait; mais il faudrait , que de son côté , il nous
habituât à ne plus le considérer comme l'ennemi des institutions modernes, et que, d'un autre côté, on ne prît pas
à tâche de le reléguer dans les limites du temple et d'affirmer tous les jours que la loi la plus chrétienne du monde
est et veut rester athée.

Ai-je besoin de démontrer quelles seraient les heureuses
conséquences de l'enseignement de la loi, tel que j'entends
cet enseignement ?

Avec la connaissance des principes de 89, les générations
nouvelles acquerraient l'intelligence de la liberté, — et l'intelligence de la liberté engendrerait infailliblement le sentiment, l'amour de la liberté qui a toujours manqué à la
France La liberté est une chose si bonne et si belle que l'on
ne peut pas ne pas l'aimer quand on la connaît.— Nos
lois, nos institutions, la France moderne, son esprit, ses
tendances cesseraient alors d'être pour la masse une énig-

me. — Elle verrait dans notre organisation civile la plus
belle de toutes les formes d'état social existant aujourd'hui,
dans chacune de nos institutions la consécration ou la sau-
vegarde d'une liberté ; — elle aurait l'intelligence des droits
et des devoirs du citoyen, — et non-seulement la loi serait
mieux obéie, mieux respectée, mais elle serait aimée.

On aurait donné au suffrage universel une autorité incon-
testable, — on saurait que les idées de droit et de devoir
étant corrélatives, le droit de voter entraîne le devoir d'aller
au vote, — et on ne remarquerait plus à chaque élection
ces nombreuses abstentions que l'on explique par un dégoût
momentané de la vie politique, mais qui n'ont d'autre cause
que l'ignorance. Comment en effet se montrerait-on jaloux
d'exercer des droits dont on ne distingue plus le but, la portée, d'exprimer, de signifier une volonté que l'on n'a
pas, des besoins, des tendances que l'on n'éprouve pas.

On inspirerait à chaque citoyen un profond sentiment de
sa valeur individuelle, et comme celui qui a conscience de
sa valeur éprouve le besoin de l'affirmer, il en résulterait
l'initiative individuelle, et bientôt *l'initiative nationale* dont
le besoin se fait si profondément sentir. Je veux dire que les
Français apprendraient enfin à compter un peu plus sur
eux et un peu moins sur le gouvernement dont ils ont fait
comme un dieu servant, chargé de les diriger dans tous leurs
mouvements, de pourvoir à tous leurs besoins, de leur dis-
penser tous les biens, — et qu'ils rendent volontiers res-
ponsable de tous les maux qui peuvent leur arriver, des
crises, des vicissitudes de l'industrie et du commerce, d'une
disette et même d'une épidémie.

Enfin en moins de dix ans, on se trouverait déjà en présence d'une génération fortement pénétrée de la grandeur et de la vérité des principes de 89, et on pourrait presque assigner l'année où devrait cesser toute attaque contre ces principes qui sont les principes même de nos lois et de nos institutions.

Au point de vue de l'intérêt individuel, bien que l'on ne fût pas initié à toutes les lois, on aurait mieux la conscience de son droit; on pourrait comprendre, en le lisant, un texte de loi, et on n'aurait pas besoin de recourir, dans les moindres circonstances, à un homme d'affaires pour défendre sa fortune et son honneur.

Serait-il nécessaire de rendre l'instruction obligatoire pour répandre l'enseignement de la loi? — Non. Cet enseignement, tel que je l'ai formulé, serait accueilli partout, mais surtout dans les campagnes où l'indifférence en matière d'instruction sévit le plus, avec une véritable satisfaction. Tel père de famille qui n'envoie pas ses enfants à l'école pour y apprendre à lire et à écrire, les y enverrait pour y apprendre la loi. — Il sait par expérience que celui qui a quelque notion de la loi aura toujours un grand avantage sur celui qui n'en a aucune. — Les instituteurs religieux se verraient probablement devancés dans cet enseignement par les instituteurs laïques, mais ils finiraient par l'adopter sous peine de voir déserter leurs écoles.

Sur une observation que je fis à mon cousin, tu veux, dit-il, que je t'explique pourquoi la nation qui s'est montrée assez éclairée pour se sauver par le suffrage universel dans les circonstances critiques que je signalais en commençant, ne le serait plus assez aujourd'hui que le suffrage universel ne peut lui servir qu'à nommer les membres du corps législatif ou des conseillers administratifs.

Pour cela, j'ai besoin de te retracer une impression toute personnelle. Après février 1848, je fus appelé à exercer les fonctions de juge de paix dans un canton rural du midi. J'ai donc pu étudier de bien près la partie de la population la plus dépourvue de culture intellectuelle, les paysans. Et bien, pendant les six mois qui ont suivi la révolution de février, à cette époque de trouble, d'incertitude et d'angoisse, on sentait le cœur de la France battre dans nos campagnes tout comme dans les grands centres. Les mêmes événements y faisaient naître les mêmes prévisions, les mêmes craintes, les mêmes espérances.

En avril 1848, il s'agissait de raffermir l'ordre social ébranlé, et de donner un gouvernement au pays qui n'en avait pas. En décembre de la même année, en décembre 1851, en décembre 1852, il s'agissait en restaurant une dynastie regrettée, de concentrer le pouvoir dans une main forte. L'élan fut universel, tous comprenaient que, dans l'urne électorale, se trouvait engagée une question capitale pour la France et qu'aucun vote ne devait faire défaut à l'urne. — Je comprends le suffrage universel dans des circonstances de cette nature. L'instinct de la conservation qui domine les sociétés comme les individus, réagit en quelque sorte de lui-même contre les éléments de destruction, et si la société est appelée à se prononcer, elle le fait avec un ensemble qui provoque l'admiration comme tous les grands spectacles, mais qui ne doit pas étonner. L'homme le plus illettré, à l'intelligence la plus épaisse, se trouvera entraîné par le sentiment de la masse, et son vote aura une signification sérieuse. N'avons-nous pas vu avec quelle pénétration, quel discernement, le peuple intelligent par excellence sut, stimulé par la nécessité, découvrir l'homme qui convenait le mieux à la situation. C'est que, dans ces grandes circonstances, le suffrage universel est véritablement une force intelligente se mouvant d'elle-même et toujours irrésistible.

Mais depuis que la France est rentrée dans ses traditions séculaires par le rétablissement de la monarchie, vois ce que devient le suffrage universel, une force qui, au lieu de se mouvoir d'elle-même, n'agit plus que sous une impulsion reçue ; les électeurs ne se portent pas vers l'urne, ils y sont poussés ; et c'est presque partout et avec peine que l'on parvient à recueillir le nombre de voix suffisant à valider une élection. Pourquoi ? — C'est que l'instruction de la masse n'ayant pas dépassé un certain niveau, l'importance des élections législatives et administratives lui échappe. — Elle ne comprend pas que le suffrage universel qui lui a servi à faire l'Empire, doit lui servir aujourd'hui à conserver les droits qu'elle a et à acquérir ceux qu'elle n'a pas, — à rappeler au gouvernement issu de son sein la mission glorieuse qu'elle lui a donnée, de chercher à la guérir des deux plaies honteuses qui la dévorent, l'ignorance et la misère, et que le nom du candidat que l'électeur inscrit sur son bulletin doit exprimer à ce sujet, sa volonté, ses besoins, ses tendances. Il est même à craindre que, si elle continue à croupir ainsi dans son ignorance, le suffrage universel ne devienne bientôt quelque chose d'inerte résistant même à toute pression.

Si donc la constitution permettait au gouvernement de l'Empereur de faire appel au suffrage universel dans ces grandes crises où le salut d'une nation est en jeu, ou plutôt si le gouvernement impérial n'avait pas reçu la mission, comme tout gouvernement du reste, de sauver lui-même la nation dans de telles circonstances, je voudrais que la nation toute entière fût alors consultée.

Mais dans les temps réguliers, alors qu'il ne s'agit plus, comme nous l'avons dit, que d'élire des conseillers administratifs ou des députés au corps législatif, — que l'on fasse deux catégories, ceux qui savent quelque chose et ceux ceux qui ne savent rien ; ceux qui savent lire et écrire et ceux qui sont ignorants de l'un et de l'autre. — Que ceux qui savent lire et écrire jouissent du droit de vote, parce qu'ils peuvent mieux savoir ce qu'ils font, mais que ceux qui ne savent rien soient éloignés de l'urne.

En donnant plus d'efficacité et plus d'autorité au vote, on aurait trouvé un puissant stimulant d'instruction. Le père de famille que son ignorance aura privé de l'exercice de son droit, ne voudra pas que son fils en soit privé comme lui, et il l'enverra à l'école. Notre vieux bon sens gaulois applaudirait à la nécessité de cette réforme et la vanité française ferait le reste.

Ainsi, deux moyens pour activer l'expansion de l'instruction dans les masses :

1º Enseignement de la loi dans les écoles primaires ; — 2º Ne reconnaître le droit de vote qu'au Français sachant lire et écrire. — En apprenant à lire et à écrire pour être électeur, il apprendrait en même temps la loi pour être bon électeur.